Josef Nyáry

Weihnachten
mit den
Heiligen

HERDER

FREIBURG · BASEL · WIEN

Christus als Allherrscher im Kreis der Heiligen.
Chora-Kloster, Istanbul.

WEIHNACHTEN
MIT DEN HEILIGEN

Kerzen und Weihrauch in den Kirchen, grüne Zweige in den Stuben, Kinder ziehen mit Liedern von Haus zu Haus: Weihnachten ist eine heilige Zeit.

Nikolaus, Franz von Assisi, Maria und Josef: Weihnachten ist auch die große Zeit der Heiligen! Von der Andreasnacht bis zum Dreikönigstag hat sich in zwei Jahrtausenden ein ganzer Kreis besonderer Fest- und Gedenktage geformt: Christen in aller Welt erinnern sich an Leben, Liebe, Leistung und Leiden heiliger Frauen, Männer und Kinder.

Lucia, Elisabeth, Barbara: Wer sind diese Glaubenszeuginnen aus Bibel, Geschichte und Legende? Und was haben sie heute für uns zu bedeuten, in einer ganz anderen Welt, Zeit und Gesellschaft?

David, Martin, Christophorus: Wie lebten sie, was genau verbindet sie mit Weihnachten, wie können sie uns heute helfen?

Dieses kleine Buch entstand aus einer Serie in BILD und BILD AM SONNTAG über Heilige mit besonderer Nähe zu Weihnachten. Darum lässt es sich wie ein Adventskalender lesen: ein Heiliger an jedem Tag. Natürlich kann man sich auch über die Feiertage Zeit dafür nehmen. Und sich vielleicht sogar mitten im Jahr von heiligen Frauen und Männern inspirieren lassen.

Denn Heilige sind aktuell, nicht nur im Advent: *Jede Selig- und Heiligsprechung macht den Christen Mut,* sagt Papst Benedikt XVI. *Wenn die Kirche einen Heiligen verehrt, verkündet sie die Wirksamkeit des Evangeliums und entdeckt mit Freude, dass die Anwesenheit Christi in der Welt dazu fähig ist, das Leben der Menschen zu verwandeln und Früchte der Rettung für die ganze Menschheit hervorzubringen.*

In der frommen Absicht, ihre besondere Nähe zu Gott zu unterstreichen, hat der Volksglaube viele Heilige mit einer dicken Schicht von Wundergeschichten überzogen, die uns Heutigen den Zugang oft zunächst einmal schwer machen. Manche Heiligen muss man erst aus dem Gespinst ihrer Legenden herausholen.

Denn Heilige sind Vorbilder, auch und besonders für die moderne Gesellschaft. Mit Blick auf die Gottesmutter Maria sagte Papst Benedikt XVI. auf seiner Israelreise 2009 in der Heimatstadt Jesu: *Nazareth gemahnt uns an unsere Pflicht, die besondere Rolle der Frau und die ihr von Gott gegebene Würde anzuerkennen und zu respektieren, ebenso wie ihre besonderen Charismen und Talente.*

Heilige passen perfekt in unsere modernen Vorstellungen vom Leben. Über die *stille Stärke von Männern wie Josef,* Jesu Pflegevater, sagt der Papst: *Der Zimmermann aus Nazareth hat gezeigt, dass eine in den Dienst der Liebe gestellte Autorität unendlich fruchtbringender ist als eine Macht, die zu beherrschen sucht.*

Und: Heilige stehen für jene Spiritualität, die immer mehr Menschen in unserer rationalisierten, zweckbetonten Gegenwart vermissen. *An den Heiligen zeigt sich, dass mitten in einer Welt kalter Berechenbarkeit oder unberechenbarer Zufälle die tiefste Wirklichkeit sinnstiftende Liebe ist,* sagt der Benediktinerabt Odilo Lechner.

Für evangelische Christen sind die Heiligen verehrungswürdige Vorbilder, für Katholiken und Orthodoxe darüber hinaus auch Fürsprecher der Menschen bei Gott: Sie tragen Bitten und Gebete vor den Schöpfer.

Hilft das wirklich gegen Angst, Not und Verzweiflung, Hunger, Terror oder Naturkatastrophen? Ja, sagt Abt Odilo:

In der Hölle von Auschwitz, in der Gott gänzlich abwesend scheint, bezeugt etwa Maximilian Kolbe, dass auch dort eine Tat selbstloser Liebe möglich ist. Der polnische Pater opfert sich im Juli 1941 für einen Familienvater und wird mit einer Phenolspritze getötet, nachdem er zwei Wochen lang im berüchtigten *Hungerbunker* mit seinen Leidensgenossen gebetet und ihnen Mut zugesprochen hat.

Kolbe wird 1971 selig- und 1982 heiliggesprochen. Selige werden als besonders vorbildliche Gläubige in ihrer Heimat verehrt, Heilige weltweit. Dazu müssen sie aber entweder als Märtyrer für ihren Glauben gestorben sein oder ein wissenschaftlich nachprüfbares Wunder bewirkt haben. Papst Johannes Paul II. etwa heilte im Juli 1986 auf der Karibikinsel St. Lucia durch Gebete einen gelähmten Jungen.

Petrus, Paulus, Stephanus: Das zuletzt 2004 aktualisierte Verzeichnis *Martyrologium Romanum* nennt auf 844 Seiten 6650 Selige und Heilige sowie 7400 namentlich nicht bekannte Märtyrer, die bei Christenverfolgungen bis in die jüngste Zeit umgekommen sind.

Die Biografien der Heiligen spiegeln alle Erfahrungen wider, die Menschen machen können, im Guten wie im Schlechten. Der Glaube ist für sie der Grund dafür, dass die Angst nicht das letzte Wort hat. *Es gibt erfülltes Leben trotz vieler unerfüllter Wünsche,* sagt Dietrich Bonhoeffer, der seinen Überzeugungen treu bleibt und deshalb von den Nazis ermordet wird. Im Kerker schreibt der große evangelische Theologe sein bewegendes *Von guten Mächten wunderbar geborgen, erwarten wir getrost, was kommen mag. Gott ist mit uns am Abend und am Morgen, und ganz gewiss an jedem neuen Tag.*

Weihnachten ist eine Zeit der Besinnlichkeit und Stille. Weihnachten ist die Zeit, in der wir lieber geben als nehmen. Weihnachten ist, wenn wir uns endlich auch einmal Zeit nehmen dürfen – für uns, unsere Lieben, unsere Seele.

Doch Weihnachten ist auch eine Zeit der Wunder, und das größte ist die Geburt des Erlösers im Stall von Bethlehem. Dafür sind die Heiligen, sind Gewährsleute wie Hanna, Lukas oder Matthäus, Gottes zuverlässigste Zeugen.

In Bethlehem ist Gott Mensch geworden, damit sein Reich, das heißt er selbst, uns nahe kommen konnte. Er kam als Mensch unter die Menschen, so dass wir die Botschaft von Gottes Liebe verstehen können. Damit sich in unserem Leben etwas ändern kann. Damit die Angst niemals größer wird als die Hoffnung. Die Heiligen leben diese Botschaft durch die Zeiten bis zum heutigen Tag.

Josef Nyáry

Patronate: Nikolaus ist Patron der Seeleute, Fährleute, Flößer, Fischhändler, der Pilger und Reisenden, Bäcker, Müller, Samenhändler, Kornhändler, Kaufleute, Feuerwehrleute, Advokaten, Apotheker, Bauern, Bierbrauer, Chorknaben, Fassbinder, Knopfmacher, Leinenweber, Metzger, Notare, Parfümhändler, Richter, Schnapsbrenner, Schüler, Rechen- und Schreiblehrer, Tuchhändler, Weber, Wirte, Weinhändler, Kerzenzieher, Steinmetze, Steinbrucharbeiter, der Gefangenen, der ungerecht Verurteilten und der Jungfrauen.

Attribute: Drei goldene Kugeln, drei Brote, Anker und Schiff, Bischofsstab.

Nach dem Volksglauben rettet Nikolaus aus Seenot, bewahrt vor Feuer, beschützt Jungfrauen und hilft, verlorene und gestohlene Sachen wiederzufinden.

Namensformen: Claas, Claus, Cloin, Col, Kai, Kiko, Klaas, Klaus, Klas, Kleeschen, Koko, Kolja, Miklas, Miclaus, Miklavž, Miklós, Mikołaj, Mikula, Néckel, Nicci, Nick, Nicky, Nico, Nicol, Nicolae, Nicolai, Nicolas, Nicolau, Nicoló, Nicu, Niculin, Niels, Niggo, Nike, Niklas, Nikola, Nikolow, Nils, Nini, Nioklas, Nisse; Nicola, Nicole, Nicky, Colette.

Namenstag: 6. Dezember.

Hl. Nikolaus.
Pfarrkirche Mariä-Himmelfahrt, Engen.

Der Gabenbringer

Er ist der Weihnachtsheilige, den auch Nichtchristen kennen: als Gabenbringer, der am 6. Dezember die Kinder beschenkt, als Santa Claus, der Heiligabend im Rentierschlitten fährt, und als Weihnachtsmann, der in der Adventszeit die Gedanken auf gute Gaben und gute Geschäfte lenkt.

Mit dem historischen Heiligen hat nur Ersterer zu tun: Nikolaus ist Bischof, Missionar, Theologe, Kirchenpolitiker und Konzilsvater. Geboren um 270 in Patara beim heutigen türkischen Badeort Kas, wird er sehr jung Waise, verteilt sein Erbe an die Armen und lässt sich zum Priester weihen. Unter dem Christenhasser Diokletian wird er im Jahr 303 eingekerkert und grausam gefoltert. Nach seiner Freilassung wählt ihn die Gemeinde der damals bedeutenden Hafenstadt Myra, heute Kocademre bei Antalya in der Südwesttürkei, zum Bischof. 325 zählt Nikolaus zu den Wortführern auf dem berühmten Konzil zu Nicäa. In turbulenten Diskussionen setzt er das bis heute gültige Glaubensbekenntnis mit durch. Er stirbt wohl am 6. Dezember 351.

Die Legende rechnet ihm bald Wundertaten zu: Er rettet Unschuldige vor dem Henker, erweckt ermordete Jünglinge wieder zum Leben und bewahrt drei bitterarme Schwestern vor dem Bordell, indem er ihnen nachts Goldkugeln durchs Fenster wirft. Das Mittelalter macht daraus den schönen Brauch des Schenkens. Als Luther die Heiligenverehrung abschafft und seine Kinder um die Weihnachtsgaben bangen, erfindet der Reformator das Christkind.

1087 retten italienische Seeleute die Gebeine des Heiligen vor den türkischen Seldschuken nach Bari. Wallfahrer verbreiten seinen Kult bald in ganz Europa. Heute fördert er auch den Frieden zwischen Katholiken und Orthodoxen: *Gerade hier ist ein Boden der Begegnung und des Dialogs mit den christlichen Brüdern und Schwestern des Ostens,* sagt Papst Benedikt XVI. bei einem Besuch der Kathedrale von Bari im Mai 2005. *Hier möchte ich meinen Willen bekräftigen, die grundlegende Aufgabe zu übernehmen, mit aller Kraft für die Wiederherstellung der vollen und sichtbaren Einheit all derer zu arbeiten, die Christus nachfolgen.*

Schon vorher ist der historische Nikolaus stärker ins öffentliche Interesse gerückt: 1953 öffnen Forscher seinen Sarkophag und sammeln Beweise für die Echtheit der Reliquien. Aus den Daten rekonstruiert die britische Anthropologin Dr. Caroline Wilkinson 2007 in ihrem Labor an der Universität Manchester das Bild eines 1,60 Meter kleinen Mannes mit großem Kopf, weißem Bart und gebrochener Nase, die Nikolaus sich wohl bei einer Prügelei in Nicäa zuzog: Der sanftmütige Beschenker war ein Gottesstreiter von hitzigem Temperament.

Die Gottesmutter

Weihnachten ist die große Welt- und Zeitenwende, der ganze Kosmos kreist um das Kind in der Krippe. Aber es ist auch das große Fest der Gottesmutter: Die ganze Welt kennt sie, jeder gute Mensch achtet sie, die Christenheit liebt sie als Heldin der Heiligen Nacht. *Ihre himmlische Reinheit zieht uns zu Gott und hilft uns, die Versuchung eines mittelmäßigen, von Kompromissen mit dem Bösen geprägten Lebens zu überwinden, um uns entschieden auf das wahre Gut auszurichten,* sagt Benedikt XVI.

Ihr Name kommt aus Ägypten und bedeutet *geliebt.* Nach der Bibel lebt Maria in Nazareth (Nordisrael). *Einen Sohn wirst du gebären, dem sollst du den Namen Jesus geben,* sagt ihr ein Engel. *Wie soll das geschehen?,* fragt die Jungfrau. *Die Kraft des Höchsten wird dich überschatten. Deshalb wird auch das Kind heilig und Sohn Gottes genannt werden.* Als ihr Verlobter Josef zweifelt, erscheint der Engel auch ihm.

Nach der Geburt flieht die heilige Familie vor König Herodes nach Ägypten. In der Passion folgt Maria ihrem Sohn bis unter das Kreuz. Der Sterbende gibt ihr seinen Lieblingsapostel Johannes zum Sohn und vertraut ihr damit nach dem Glauben der Kirche alle Menschen als Kinder an. Legenden lassen sie später nach Ephesus auswandern, wo man ihr Grab zeigt; nach katholischer Lehre ist sie mit Leib und Seele in den Himmel erhoben.

Die Kirche begeht für Maria fünf Feste und acht Gedenktage. Das Hochfest der Gottesmutter wird am 1. Januar, ihre Aufnahme in den Himmel am 15. August, ihre Geburt am 8. September gefeiert. Das Hochfest ihrer Unbefleckten Empfängnis am 8. Dezember (also neun Monate vor ihrer Geburt) sagt, dass Maria von ihrer Zeugung an durch göttliche Gnade von der Erbsünde bewahrt blieb, um einen Ort für die Menschwerdung des Gottessohnes zu schaffen. Den Titel *Gottesmutter* gab ihr das Konzil von Ephesus 431, um auszudrücken, dass Jesus nicht ein besonderes Geschöpf war, sondern wirklich als Sohn Gottes geboren wurde.

Rund tausend Marienerscheinungen in 2000 Jahren halten den Glauben wach, zum weltgrößten Marienheiligtum im mexikanischen Guadalupe pilgern jährlich 20 Millionen Menschen. Für Religionsforscher ist Maria Nachfolgerin der orientalischen Muttergöttinnen, deren Furchtbarkeitskulte in der Steinzeit wurzeln. Im Mittelalter schützen sich Gläubige und Abergläubische mit Marienmünzen gegen den bösen Blick, legen sich gegen die Gicht Marienbildchen unters Kissen und schlucken Marienzettel gegen Krankheiten aller Art. Ritter ziehen in heiliger Begeisterung für die Gottesmutter in den Kampf und sehen sie auf den Mauern belagerter Städte Kanonenkugeln auffangen. In aller Welt sind Kirchen, Burgen, Straßen, Tiere, Pflanzen oder Quellen nach ihr benannt.

Die moderne Theologie erkennt in ihr eine emanzipierte Frau. Der Regensburger Professor Wolfgang Beinert kann sie sich sogar als Vorbild der Frauenbewegung im Kampf um Gleichberechtigung vorstellen. Johannes Paul II. weiht Maria sich und sein Pontifikat: Der Papst ist überzeugt, dass ihre Hand die Kugel des Attentäters von den lebenswichtigen Organen lenkte. Papst Benedikt sagt in Lourdes: *Glücklich die Männer und Frauen, die ihr Vertrauen auf den setzen, der, als er sein Leben hingab, uns seine Mutter schenkte, damit sie unsere Mutter sei.*

Patronate: Maria ist Patronin der gesamten Christenheit. Weitere Patronate: Bayern, Erzbistum Köln, Bistümer Aachen, Speyer, Lausanne. Köche, Gastwirte, Lebkuchenbäcker, Essigbrauer, Böttcher, Tuchscherer, Weber, Seidenfabrikanten, Kürschner, Töpfer, Schiffer. Auch Männer tragen ihren Namen. Viele Orte sind nach ihr benannt.

Darstellung: Als Madonna mit dem Jesuskind; mit ihrer Mutter Anna und dem Jesuskind als *Anna selbdritt,* als *Schutzmantelmadonna,* als *Pietà.*

Attribute: Engel, Jesuskind, Taube, Krone, Zepter, Mantel, Kreuz.

Nach dem Volksglauben schützt Maria vor Krankheiten, Gewitter und Blitzschlag. Sie ist Helferin in allen Anliegen, vor allem in Geburtsnöten, Kriegsgefahr und Dürrezeiten.

Wetterregel: Wer Rüben will, recht gut und zart, sä' sie an Mariä Himmelfahrt.

Namensformen: Maika, Maike, Malia, Manja, Manon, Mara, Maraki, Maree, Mareike, Mareile, Maren, Mariam, Marie, Marieke, Mariella, Marietta, Marijana, Marina, Marion, Marisa, Marisol, Marit, Marita, Marjam, Marlen, Maro, Maruschka, Marussja, Mary, Maryam, Maschka, Maura, Maureen, Maya, Meike, Meryem, Mia, Mieke, Mies, Miriam, Mirja, Mitzi, Moira, Myriam, Ria, Rieke.

Namenstag: 12. September.

Maria mit dem Kind. Glasfenster, Münster Unserer Lieben Frau, Freiburg.

Patronate: Adam ist Patron der Gärtner und der Schneider, Eva Patronin der Mädchen und der Frauen.

Nach dem Volksglauben sichern die Vornamen Adam und Eva ein langes Leben. Da Adam aus Staub, Eva aus Knochen gebildet sei, erscheine der Mann angeblich im Alter immer schöner, die Frau immer hässlicher. Beide sollen schützen vor Schlangenbiss.

Namensformen:
Adamo, Adamus, Adán, Addams, Adem;
Chava, Chawah, Eeva, Eve, Eveke, Evi, Ewa, Hawa, Ieva.

Namenstag: 24. Dezember.

Die Stammeltern

Es ist ein tiefes Geheimnis darum, dass der Gedenktag von Adam und Eva auf den Vorabend von Weihnachten fällt: Gott erschafft die Menschen und segnet sie. Aber sie entfremden sich von Gott und voneinander. Darum wird Gott selber Mensch, um ihnen zu sagen, dass, auch wenn *sie* nicht mehr bei Gott sind, *Gott* immer noch bei ihnen ist. Oder, wie der Apostel Paulus sagt: In Adam ist die Menschheit gestorben, in Jesus kann sie wieder leben.

Adam bedeutet *Erdling, Eva* heißt *Leben.* Nach dem jüdischen Kalender werden sie vor 5771 Jahren erschaffen. Ihr Frevel, sich über Gottes Ordnung hinwegzusetzen, zeugt Sünde und Tod. Die Feindschaft zwischen Eva und der Verfüh-

rerschlange weist auf Maria hin: Ihr Sohn wird der Schlange den Kopf zertreten, Christus sühnt und siegt am Kreuz, der Tod ist überwunden. Das Kreuzesholz aber stammt nach der Legende vom Baum der verbotenen Frucht.

Archäologen suchen das Paradies zuerst am Euphrat im heutigen Irak. In der Sprache der Sumerer, die dort vor 5000 Jahren die ersten Städte bauen, ist *Eden* ein Garten, der verdorrt: Mit dem Klimawandel dringt die Steppe dort schon seit Ende der Eiszeit immer weiter vor. Die Überlieferung glaubt Adam und Eva in der *Höhle der Patriarchen* in Hebron (Israel) bestattet. Das frühe Christentum sucht Adams Grab in einer Grotte unter dem Kreuzigungshügel Golgatha in Jerusalem.

Das Mittelalter hütet als Reliquien auch Klumpen des Lehms, aus dem Adam erschaffen sei. Der Aberglaube macht den ersten Menschen zum Magier und Herrn über geheime Naturkräfte. Fromme Phantasie sieht Adam mit einer Heugabel im Mond, neben Eva am Spinnrocken: Sie müssen in schwerer Arbeit auf das Elend niederblicken, das sie über die Erde gebracht haben.

Wie kommen Adam und Eva in den Heiligenkalender? Sie stehen dort ganz allgemein für die Menschheit, denn die Menschen sind durch die Menschwerdung Gottes zu Weihnachten gewissermaßen von Gott selbst heiliggesprochen. Eine positivere Aussage über uns Adamssöhne und Evastöchter lässt sich kaum denken.

Adam und Eva. Ölgemälde von Albrecht Dürer.

Adelheid
* 930 Hochburgund –
† 16. 12. 999 Kloster Selz

Darstellung: Als Kaiserin in fürstlicher Kleidung, Almosen austeilend.

Attribute: Krone, Kirchenmodell, Fischerboot.

Namensformen: Ada, Adalene, Adalina, Adela, Adelaide, Adelais, Adele, Adeley, Adelice, Adelina, Adelis, Adelita, Adell, Ado, Adula, Adulana, Ady, Ahlheit, Aleida, Alena, Alice, Alicia, Alina, Aline, Alison, Alissa, Alix, Alke, Alyssa, Dele, Dell, Edeline, Eline, Ethel, Hede, Heide, Heidi, Heidrun, Heather, Lady, Talia, Tale, Thalia, Thalke.

Namenstag: 16. Dezember.

Hl. Adelheid. Statue im Dom zu Meißen.

Die Kaiserin

Ich bekenne, dass ich die irdische Krone geliebt habe, um des Dienstes willen, zu dem sie mich berief, lässt die Legende die fast Siebzigjährige sagen. Auf den Knien vor dem Altar ihres Klosters singt die Sterbende mit erlöschender Stimme Psalmen, bis ihre Seele zum Himmel steigt.

Ihr Dienst ist die liebevolle Mühe einer Mutter in Sorge um die Familie. Auch ihr Todestag kurz vor Weihnachten rückt sie in die Nähe der hl. Maria. Auch sie sieht Not und Tod. Ihr Name bedeutet *von edlem Wesen.*

Mit 16 heiratet sie einen König. Drei Jahre später wird er vergiftet. Der Mörder fordert Hand und Erbe der Witwe. Als sie sich weigert, hält er sie am Gardasee gefangen. Von einem Priester mit einem Boot befreit, versteckt sie sich mit ihrer Tochter im Wald. Kaiser Otto I. erhält ihren Hilferuf, zieht nach Italien, besiegt ihren Feind und heiratet sie.

Mit ihm empfängt sie vom Papst in Rom die Kaiserkrone. Nach Ottos Tod regiert sie das Reich für ihren Sohn Otto II. und später für ihren Enkel Otto III. Drei Söhne und eine Tochter sterben vor ihr.

Sie gründet Klöster, missioniert in Norddeutschland, liebt Pilgerfahrten. Das Volk rühmt ihre Mildtätigkeit. 1097 wird die *kaiserlichste aller Kaiserinnen* heiliggesprochen. Wallfahrer besuchen ihr Grab im Elsass, bis ihre Reliquien in den Wirren der Reformation verschwinden. Die Erinnerung aber bleibt: Als Ideal der schönen, frommen und gebildeten Fürstendame ist sie auch heute Vorbild für ein christliches Leben inmitten der Welt.

Der Erstberufene

An seinem Todestag begann das Brauchtum der Adventszeit. In der Andreasnacht zum 30. November zogen Kinder maskiert von Haus zu Haus und sangen für Geschenke. Mädchen warfen lange Streifen Apfelschale hinter sich: Ringelten sie sich zu einem Buchstaben, verrieten sie damit den Zukünftigen. Im 16. und 17. Jahrhundert hieß der Dezember *Andreasmonat*.

Der Name bedeutet *der Mannhafte, Mutige.* Der Fischer aus Bethsaida am See Genezareth in Israel ist der erste Jünger und wird deshalb *der Erstberufene* genannt. Er führt seinen Bruder Petrus zu Jesus und steht später an zweiter Stelle der Apostel. Andreas missioniert am Schwarzen Meer und in Griechenland. Nach der Legende weckt er Tote auf und wirkt viele andere Wunder. Die Ostkirchen setzen ihn als ersten Bischof von Konstantinopel mit Petrus gleich, dem ersten Papst und Bischof vom Rom.

In der griechischen Hafenstadt Patras wird Andreas am Kreuz hingerichtet. Es ist x-förmig, weil er aus Demut nicht auf genau die gleiche Weise wie Jesus sterben will. Das Andreaskreuz findet sich auf der Flagge Schottlands, als Gefahrensymbol in Chemie und Bergbau sowie weltweit vor Bahnübergängen. Die Kölner Dominikanerkirche St. Andreas hütet eine Reliquie des Heiligen im Hochaltar.

Papst Benedikt XVI. sagt über Andreas: *Der Apostel möge uns lehren, Jesus bereitwillig nachzufolgen, allen Menschen, denen wir begegnen, mit Begeisterung von ihm zu erzählen und vor allem eine Beziehung echter Vertrautheit mit ihm zu pflegen.*

Patronate: Andreas ist Patron von Russland, Schottland, Spanien, Griechenland, Sizilien, Niederösterreich, Burgund, der griechischen Region Achaia, Neapel, Ravenna, Brescia, Amalfi, Mantua, Bordeaux, Brügge und Patras; sowie der Fischer und Fischhändler, Bergleute, Metzger, Seiler und Wasserträger.

Attribute: Schräges Kreuz, Buch oder Schriftrolle, Fisch, Fischernetz, Strick.

Nach dem Volksglauben hilft Andreas bei der Ehevermittlung, zu Eheglück und Kindersegen, gegen Gicht, Halsweh, Krämpfe und Rotlauf (Erysipel), einer bakteriellen Hautinfektion, die früher *Andreaskrankheit hieß.*

Wetterregel: Andreasschnee tut den Saaten weh.

Namensformen: Anders, Andor, András, André, Andrew, Andrzej, Andriko, Androsch, Antti, Drees, Drewes, Dries, Endre, Rees; Andrea, Drea.

Namenstag: 30. November.

Hl. Andreas. Pfarrkirche St. Ursula, Rottenburg-Obernburg.

ANNA UND JOACHIM
*Israel – † vor 1, Israel

Patronate: Anna ist Patronin von Florenz, Innsbruck, Neapel, der Bretagne, für glückliche Heirat, Ehe, Kindersegen, glückliche Geburt, Mütter, Witwen, Arme, Arbeiterinnen, Hausfrauen, Hausangestellte, Müller, Knechte, Krämer, Kunsttischler, Drechsler, Weber, Schneider, Strumpfwirker, Spitzenklöpplerinnen, Schiffer, Seiler, Goldschmiede, Bergleute und die Feuerwehr. Joachim ist Patron der Eheleute, Schreiner und Leinenhändler.

Darstellung: Anna im roten Kleid und grünem Mantel mit Buch, mit Maria und dem Jesuskind als *Anna selbdritt.* Joachim als alter Mann mit Buch oder Schriftrolle.

Nach dem Volksglauben hilft Anna gegen Kopf-, Brust- und Bauchschmerzen, Augenkrankheiten, Besessenheit, Gicht und die Pest, bei Gewitter und beim Suchen nach verlorenen Sachen, für Regen, Schwangerschaften und glückliche Geburten.

Wetterregel: Sankt Anna klar und rein, wird das Korn bald geborgen sein.

Namensformen: Aenne, Ana, Anaïs, Anikó, Anita, Anja, Anke, Ann, Anne, Annina, Anouk, Antje, Hanka, Hanna, Hannah. Achim, Aćim, Aki, Akim, Gioacchino, Giuachin, Ioakeím, Jachi, Jáchym, Jo, Joakim, Joaquím, Joaquín, Jochem, Jochen, Jochum, Jock, Jocke, Jockel, Jockum, Joggum, Kim, Kimi, Kimo, Ximo.

Namenstag: 26. Juli.

Die Großeltern

Anna und Joachim sind die Großeltern Jesu, aber nicht einmal die Legende weiß, ob sie seine Geburt noch erleben. Denn Anna ist schon alt, als göttliche Gnade ihr doch noch Mutterfreuden schenkt: Ihr Name bedeutet *Erbarmen,* sein Name *Gott wird aufrichten.*

Wie seine Frau leidet der reiche, fromme und mildtätige Joachim sehr, als der Ehe auch nach zwanzig Jahren kein Kindersegen vergönnt scheint. Vierzig Tage fastet er in der Wüste. Endlich kündigt ein Engel Erhörung an. Die überglücklichen Eltern nennen ihre Tochter Maria *(geliebt)* und lassen sie von ihrem dritten Lebensjahr an im Tempel aufziehen. Als sie heiratsfähig ist, sind Anna und Joachim wohl bereits gestorben. Der Hohepriester, so die Legende, ruft mögliche Ehemänner in den Tempel, und eine Taube erscheint über dem Zimmermann Josef.

Im Mittelalter wird Anna eine der bedeutendsten Heiligen: Kreuzfahrer bringen ihren Kult aus dem Orient mit, das aufstrebende Bürgertum findet in ihr die Bestätigung für eine neue Rolle der Frau als starke, tüchtige Helferin auch im Wirtschaftsleben. Zünfte und Gewerbetreibende wählen Anna zur Schutzpatronin. Schwangere tragen Zettelchen mit ihrem Namen am Leib, Kinderlose beten zu ihr. Annenwasser wird Heil- und Hilfsmittel in allen Nöten. Als kostbare Reliquie wird seit 1501 in Düren ein Teil ihrer Hirnschale verehrt. Kirchen, Kapellen, Wallfahrtsorte, Berge, Brunnen und Quellen in der ganzen Welt sind nach der Mutter Anna benannt.

Anna und Joachim. Fresko von Giotto in der Arenakapelle, Padua.

Die Fremde

An ihrem Gedenktag, dem 4. Dezember, werden Barbarazweige von Apfel- und Kirschbaum ins Wasser gestellt, so dass sie zu Weihnachten blühen. Oft hängen Wunschzettel daran: Erfüllung winkt dem, dessen Zweig als Erster aufbricht, denn in der Gefangenschaft soll die Heilige einen verdorrten Ast zum Blühen gebracht haben.

Ihr Name bedeutet *die Fremde,* doch entfremdet ist sie vor allem ihrem Vater, dem reichen Griechen Dioskuros aus Nikomedia, heute Izmit in der Türkei. Weil sich das ungewöhnlich schöne und kluge Mädchen gegen seinen Willen taufen lässt, sperrt sie der Wüterich in einem Turm, lässt sie grausam foltern und schlägt ihr am 4. Dezember 306 mit seinem Schwert den Kopf ab.

In späteren Legenden erscheint ihr Christus, Engel verhüllen ihre Nacktheit, und sie rettet ihre Stadt vor einem Vulkan. Das Mittelalter zählt sie zu den Vierzehn Nothelfern gegen Krieg, Hungersnöte und Pest. Im Rheinland wird sie zur Begleiterin des hl. Nikolaus. Französische Seeleute nennen die Pulverkammern ihrer Schiffe *St. Barbe.*

Reliquien der Heiligen finden sich im berühmten *Eibinger Reliquienschatz* der Wallfahrtskirche St. Hildegard und St. Johannes der Täufer, den einst die hl. Hildegard von Bingen im hessischen Rheingau zusammentrug. Die Heiligtümer werden seit 1929 in einem vergoldeten Schrein aufbewahrt; 1933 wurden sie in letzter Sekunde aus einem verheerenden Feuer gerettet.

Barbara ist für uns moderne Menschen ein Beispiel für die Beständigkeit im Glauben, sagt der Grevenbroicher Theologe Prof. Dr. Manfred Becker-Huberti, *zu Weihnachten sind die blühenden Barbarazweige Symbol für das ,Licht der Welt', das im Jesuskind sichtbar wird.*

Patronate: Barbara ist Patronin von Schlesien, für Bergbau und Bergleute, Geologen, Türme, Architekten, Maurer, Steinmetze, Zimmerleute, Dachdecker, Bauarbeiter, Elektriker, Festungsbauer, Artillerie, Militär, Gefangene, Bauern, Metzger, Köche, Gießer, Glöckner, Schmiede, Feuerwehrleute, das Technische Hilfswerk, Totengräber, Hutmacher.

Attribute: Turm mit drei Fenstern, Kelch und Hostie, Fackel oder Schwert, Palmzweig, Krone.

Nach dem Volksglauben hilft Barbara gegen Gewitter, Feuersgefahr, Fieber, Pest und plötzlichen Tod. Mädchen baten sie früher um eine gute Todesstunde. Barbara zählt zu den Vierzehn Nothelfern.

Wetterregel: St. Barbara mit Schnee, im nächsten Jahr viel Klee.

Namensformen: Babette, Babs, Barbe, Bärbel, Barbora, Barbro, Bascha, Basia, Borbála, Rabab, Warwara.

Namenstag: 4. Dezember.

Hl. Barbara.
Pfarrkirche St. Othmar, Gaißau, Österreich.

Patronate: Christophorus ist Patron der Schiffer, Flößer, See- und Fährleute, Pilger, der Reisenden, Lastenträger, Fuhrwerker, Auto-, Fern- und Radfahrer, Bergwerksleute, Gärtner, Obsthändler, Kinder, der schwangeren Frauen, Buchbinder, Färber, Hutmacher und Zimmerleute.

Attribute: Jesuskind auf der Schulter, Baumstamm als Stab.

Nach dem Volksglauben hilft Christophorus gegen plötzlichen Tod, Pest und andere Seuchen, gegen Wunden, Zahnweh, Augenkrankheiten, Fieber, Räuber, Wölfe und bei Überschwemmung, Unwetter, Hagel, Dürre und in Hungersnot.

Wetterregel: Wer zu Christoph säet Lein, der erntet lange Stengel. (Früher fiel der Gedenktag des Heiligen auf den 13. März.)

Namensformen: Chris, Christo, Christoffel, Christoph, Christophe, Christopher, Christy, Cristobál, Cristoforo, Cristovão, Hristo, Hristofor, Kester, Kito, Kris, Krister, Kristóf, Kristoffer, Kristaps, Krzysiek, Krzysztof, Pher, Stoffel.

Namenstag: 24. Juli.

Hl. Christophorus.
Münster Unserer Lieben Frau, Freiburg.

Der Christusträger

E r ist ein Hüne und verschwindet doch fast unter den vielen Legenden, die frommer Wunderglaube über seine Lebensgeschichte weht. Die älteste macht ihn zum hundeköpfigen Menschenfresser Reprobus (*Der Verworfene*) aus Kanaan. Mit der Taufe erhält er die menschliche Sprache als besonderes Beispiel göttlicher Gnade, die auch den noch so tief Gefallenen aufrichten kann.

Nach jüngerer Tradition trägt er als Fährmann Reisende durch einen Fluss. Ein kleines Kind auf seinen Schultern wird immer schwerer, bis er fast zusammenbricht. Es ist das Jesuskind, und es tauft den Bekehrten auf den Namen Christophorus (*Christusträger*).

Es ist nicht nur diese süße Last, die den Heiligen mit Weihnachten verbindet: Das Mittelalter macht den Stamm, auf den sich der watende Riese stützt, zum bunten Gabenbaum. Unsere Zeit kennt ihn als Schutzpatron im besonders gefährlichen Feiertagsverkehr. Der Heilige stammt wohl wirklich aus Palästina, heißt Offerus (*der sich bereitwillig Aufopfernde*) und ist Legionär. Er tauft in Lykien 14.000 Menschen und stirbt als Märtyrer im südanatolischen Samo.

Das Volk zählt ihn zu den Vierzehn Nothelfern und glaubt, wer den Heiligen morgens anblicke, könne bis zum Abend nicht sterben. Deshalb grüßen an Kirchen, Burgen, Häusern, Stadttoren, Brücken und Straßen überall Christophorusbilder. Viele Autofahrer haben eine Plakette mit seinem Bild im Wagen. Sein Name dient auch zu Zaubersprüchen und Wettersegen. Reliquien finden sich im Petersdom und in St. Denis bei Paris.

Der Stammvater

Er ist Stammvater der Sippe, in die Jesus tausend Jahre später als Messias und *Sohn Davids* hineingeboren wird. Auch er selbst ist in Bethlehem zur Welt gekommen. Sein Name bedeutet *Liebling,* und er wird geliebt: von seiner Familie, seinen Kriegern, seinem Volk, seinem Gott.

Der blonde Hirtenjunge fällt den Riesen Goliath mit einer Schleuder, erobert Jerusalem, befreit die göttliche Bundeslade aus der Gewalt der Philister und dichtet 73 von 150 Psalmen der Bibel. Aber er ist auch ein Sünder: Er verführt eine verheiratete Frau und schickt deren Ehemann in den sicheren Tod.

Schon die ältesten Kirchenkalender zeigen David als Heiligen zum Weihnachtsfest. Bei den Germanen braust er als *Wilder Jäger* durch die Lüfte. Das Mittelalter nennt das Sternbild des Großen Wagens *Davidswagen,* brüht Kranken Davidstee, schützt sich mit dem Davidsstern vor Feuer und bösen Geistern und feiert den Davidstag mit Masken, Tanz und Süßigkeiten. Karl der Große lässt sich von seinem Hofstaat mit *König David* anreden. Michelangelo meißelt den jungen David als eine seiner schönsten Statuen, Chagall malt den alten David als weisen Herrscher.

Für Christen verkörpert er die Eigenständigkeit des Beters, der nicht nur das Wort Gottes empfängt, sondern in seinen Psalmen auch selbst das Wort an Gott richtet und dabei die ganze Gefühlswelt zwischen Todesangst und Hoffnung, Klage und Jubel zum Ausdruck bringt. Heute wird im Heiligen Land besonders zu Weihnachten oft ein Wort Davids aus dem 34. Psalm zitiert: *Suche den Frieden, jage ihm nach!*

Darstellungen: Im Kampf mit Goliath, als Prophet im Königsmantel, als königlicher Sänger, als Büßer und mit seinem Sohn Salomo auf Darstellungen der Höllenfahrt Christi.

Attribute: Steinschleuder, Harfe.

Nach dem Volksglauben hilft David vor allem gegen Feuer und andere Gefahren sowie Unfälle beim Vieh.

Namensformen: Daud, Dave, Davide, Davido, Davio, Davis, Davith, Davud, Dawidh, Dawud, Davy, Dovydas.

Namenstag: 29. Dezember.

König David. Pfarrkirche St. Theopont und Synesius, Hattingen bei Immendingen.

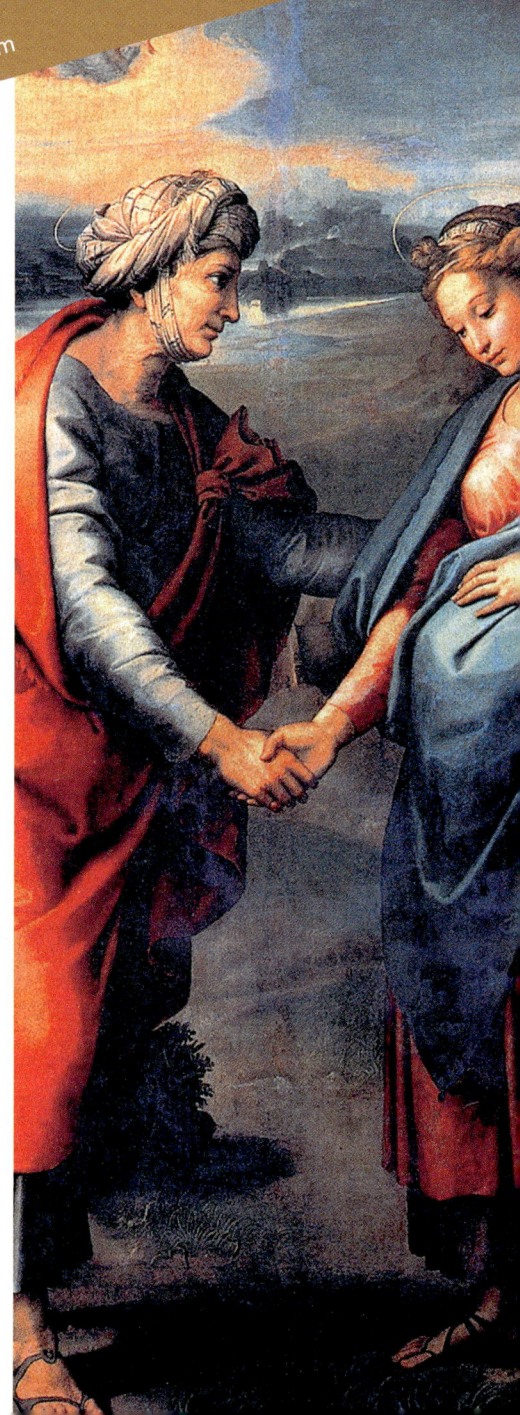

Darstellung: Als ältere Frau, schwanger, zusammen mit der schwangeren Maria; oder mit Maria, während beide ihr Kind auf dem Arm tragen.

Wetterregel: Mariä Heimsuch wird's bestellt, wie's Wetter vierzig Tag' sich hält.

Namensformen:
Alžbeta, Babette, Bess, Beth, Betinka, Bettina, Betsy, Betty, Elise, Eliza, Elly, Elsbet, Else, Erzsebet, Hilža, Ilse, Isabeau, Isabel, Isabella, Jelisaweta, Lisbeth, Liese, Liis, Lilly, Lisa, Lisette, Liz, Liza, Lizamma, Sissy.

Gedenktag: 31. Mai.

Namenstag:
19. November.

Elisabeth und Maria (Mariä Heimsuchung). Ölgemälde von Raffael.

28

Die Vorbotin

Ihr Name bedeutet *Gott ist Fülle.* Ihr Sohn Johannes der Täufer ist der Vorläufer Jesu, sie selbst die Vorbotin Marias, ihrer Nichte. Auch Elisabeth wird wie durch ein Wunder Mutter, denn eigentlich ist sie dafür schon zu alt. Sie bringt ihren Sohn am 24. Juni zur Welt, genau sechs Monate vor Weihnachten. Auch sie muss später mit ihm vor König Herodes fliehen.

Hochschwanger ruft sie, als Maria sie in dem kleinen Dorf Ein Kerem bei Jerusalem besucht: *Gesegnet ist die Frucht deines Leibes.* Die seherischen Worte bestätigen Maria zum ersten Mal, dass auch sie tatsächlich schwanger ist. Sie gehen später in das *Ave Maria* ein (*Gegrüßet seist du ...*). Die Antwort der Gottesmutter, *Meine Seele preist die Größe des Herrn,* wird ebenfalls eines der wichtigsten Gebete, das *Magnificat.* Bei Elisabeth findet die junge Maria die Geborgenheit, in der sie innerlich fassen und aufnehmen kann, was so überwältigend in ihr Leben eingebrochen ist. Drei Monate lang sind die beiden Frauen, die Gott ins Zentrum der Heilsgeschichte ruft, zusammen.

Die katholische Kirche feiert die Begegnung mit dem Festtag *Mariae Heimsuchung* am 31. Mai. Papst Benedikt XVI. sagt darüber, Maria sei *das Bild der Helferin,* die bei der schwangeren, aber schon alten Elisabeth bleibe. In dem Gruß werde deutlich: *Jesus ist der wahre Schatz, den wir der Welt zu geben haben. Und nach ihm haben die Männer und Frauen von heute eine tiefe Sehnsucht, auch wenn sie ihn zu ignorieren oder abzulehnen scheinen.*

Die Heilige der Rosen

Wenn das Brot, das wir teilen, als Rose blüht, singen in deutschen Kirchen Christen beider Konfessionen. Das Lied entsteht 1981 in der DDR und erinnert an Mitteldeutschlands populärste Heilige: Elisabeth von Thüringen ist das Idealbild einer Nächstenliebe, die sich bis zur Selbstaufopferung verzehrt. Ihr Gedenktag am 19. November zählt zu den wichtigsten Vorboten der Advents- und Weihnachtszeit.

Die ungarische Königstochter – ihr Geburtsort liegt in der heutigen Slowakei – ist schon als Vierjährige mit dem elfjährigen Ludwig IV. von Thüringen verlobt. Sie wird auf der Wartburg erzogen, heiratet mit 14 Jahren, schenkt ihrem Mann drei Kinder. Im Hungerjahr 1226 rettet sie viele vor dem Tod. Oft gibt sie heimlich mehr, als ihr Mann billigt. Als der Landgraf sie mit einem Korb sieht und zur Rede stellt, sind die Brote in Rosen verwandelt. Ein Jahr später kommt Ludwig auf einem Kreuzzug um. Habgierige Verwandte plündern die junge Witwe bis aufs Hemd aus. Sie lebt in bitterster Not, bis sich eine Tante erbarmt. Elisabeth tritt in einen Büßerorden ein, gründet in Marburg ein Hospital und sorgt dort in selbstloser Liebe für Arme und Kranke, bis sie mit 24 Jahren an Entkräftung stirbt.

Ihre Reliquien gelten als wirksame Hilfe in Geburtsnöten: Becher, Gürtel und Löffel reisen oft zu Frauen an Fürstenhöfen, die Nachwuchs erhoffen. Feuer in der Elisabethnacht kündigen Krieg und Unheil an. Papst Benedikt XVI. sagt über die Heilige: *Sie wusste die Fähigkeiten einer vorbildlichen Ehefrau und Mutter mit der Übung der evangelischen Tugenden zu vereinen. Auch Personen aus der Politik haben sich von ihr inspirieren lassen.*

Patronate: Elisabeth von Thüringen ist Patronin der Ordensgenossenschaft der hl. Elisabeth, der Elisabeth-Vereine, der Caritas und der Wohlfahrtsorganisationen, der Bäcker, Bettler, Witwen, Waisen und der unschuldig Verfolgten.

Attribute: Korb mit Broten, Rosen oder Weinkrug, Schüssel mit Fischen oder Früchten und Löffel, Rosen in der Schürze, Büßerkleidung: aschgrauer Rock, Strick als Gürtel, weißer Schleier.

Nach dem Volksglauben hilft sie Frauen in den Wehen.

Namensformen: Alžbeta, Babette, Bess, Beth, Betinka, Bettina, Betsy, Betty, Elise, Eliza, Elke, Elly, Elsbet, Else, Erzsebet, Hilža, Ilka, Ilse, Isabeau, Isabel, Isabella, Jelisaweta, Lisbeth, Liese, Liis, Lilly, Lisa, Lisette, Liz, Liza, Lizamma, Sissy.

Namenstag: 19. November.

Hl. Elisabeth von Thüringen.
Pfarrkirche St. Martin, Hundersingen.

Patronate: Franz ist Hauptpatron
Italiens (seit 1939) und Patron für
das Bistum Basel, für Assisi und viele
andere italienische Städte sowie der
Flachshändler, Tuchhändler, Kaufleute,
Schneider, Weber, Sozialarbeiter, der
Armen und der Umweltschützer (seit
1980). Die Stadt San Francisco trägt
seinen Namen.

Darstellung: Im dunkelbraunen
Franziskaner-Habit, mit den Wundmalen,
eine einstürzende Kirche haltend, als
Prediger der Vögel und Fische.

Attribute: Rosenkranz, Totenkopf, Wolf,
Lamm, Lilienstab.

Namensformen: Ferenc, Francesco,
Franciszek, Franžišek, François, Franek,
Franjo, Frank, Frankie, Franklin, Frano,
Frans, Franus;
Fanny, Fran, Frances, Francesca,
Francine, Francis, Francesca, Françoise,
Franka, Franzi, Franzine, Franziska.

Namenstag: 4. Oktober.

Franz von Assisi.
Fresko von Giovanni Cimabue.

Der Freie

Die Figuren sind Hirten mit ihren Tieren, als Bühne dient eine Höhle im Wald von Greccio: Weihnachten 1223 sehen die Sabiner Berge nördlich von Rom die erste Weihnachtskrippe der Welt. Der hl. Franziskus will seinen Zuhörern das Wunder der Gottesgeburt näherbringen. Diese armen Bauern können nicht ins Heilige Land. Also holt er das Heilige Land zu ihnen. Das Kind auf dem Stroh soll zeigen: Jesus stammt aus dem einfachen Volk.

Der Prediger nicht: Als Sohn eines reichen Tuchhändlers und einer aristokratischen Südfranzösin lebt Giovanni Battista Bernardone, liebevoll *Francesco (kleiner Franzose)* genannt, sorglos in den Tag. Erst nach einem Jahr als Kriegsgefangener und nach der bewussten Umarmung eines Leprakranken erkennt er seine Berufung. Vom Vater enterbt, wird er Wanderprediger und gründet den ersten Bettelorden.

Krankheiten nennt er Schwestern, den Tod seinen Bruder. 1224 empfängt er nach ekstatischen Visionen die Wundmale Christi. Seine Liebe zu allen Geschöpfen kommt in seinem *Sonnengesang* auf einzigartige Weise zum Ausdruck. Als Erster spricht er aus, dass die Arbeit zur Würde des Menschen gehört.

Das Zeugnis, das er in seiner Zeit ablegte, macht ihn zu einem natürlichen Bezugspunkt für jene, die auch heute noch das Ideal des Friedens, der Achtung der Natur und des Dialogs zwischen den Menschen, Religionen und Kulturen pflegen, sagt Papst Benedikt XVI. *Dennoch ist es wichtig, sich daran zu erinnern, dass es seine radikale Entscheidung für Christus war, die ihm den Schlüssel zum Verständnis jener Brüderlichkeit gegeben hat, zu der alle Menschen berufen sind.*

Der Kirchenlehrer

Seine Reformen führten die bis heute gültige Ordnung mit vier Adventswochen ein, sein Kunstsinn formt den liturgischen Gesang, der als *gregorianischer Choral* bis heute auch der Weihnachtsliturgie spirituelle Tiefe schenkt. Gregor der Große ist der einflussreichste Papst des ersten Jahrtausends. Sein Name bedeutet *der Wachsame.*

Der Sohn einer zutiefst christlichen Patrizierfamilie steht für eine einzigartige Entwicklung: Nach dem Verlust der Weltherrschaft wird Rom geistlicher Mittelpunkt der Erde. In den ersten Jahren stellt sich der Papst schwierigen politischen Aufgaben: In den verheerenden Wirren der Völkerwanderungszeit baut er die Beziehungen zu den Franken als stärkster katholischer Kraft aus, bekehrt die gefährlichen Westgoten, gewinnt nach drückender Belagerung auch die Langobarden für den Frieden und den rechten Glauben.

Als Kirchenlehrer ist Gregor für viele Jahrhunderte die größte Autorität in Askese, Mystik und Moral. Seine Bücher über Hiob und Heilige sind Bestseller des Mittelalters, seine Fürsorge und Armenpflege ist der Zeit weit voraus. In einer Bittprozession gegen die Pest sieht er mit dem ganzen Volk den hl. Michael auf der Engelsburg stehen. Der Himmelsbote steckt sein blutiges Schwert in die Scheide, und die Seuche hört auf.

In einer unheilvollen, ja verzweifelten Zeit verstand er es, Frieden zu schaffen und Hoffnung zu geben, sagt Papst Benedikt XVI. über den großen Vorgänger. *Dieser Mann Gottes zeigt uns, wo die wahren Quellen des Friedens sind, woher die wahre Hoffnung kommt, und wird so zu einem Leitbild auch für uns heute.*

Patronate: Gregor ist Patron für Gelehrte, Lehrer, Schüler, Studenten, Schulen, Chorsänger und Maurer – wegen der vielen Krankenhäuser, die er bauen ließ.

Darstellung: Als Papst, Arme speisend oder bedienend.

Attribute: Buch, Federkiel, Taube auf der Schulter.

Namensformen: Gergely, Greg, Grega, Greger, Gregoire, Gregorčič, Gregorin, Gregorio, Gregory, Grigoli, Grigori, Grischa, Grga, Grgur, Grzegorz, Hrehorij, Joris, Rehor, Ryhor.

Namenstag: 3. September.

Hl. Gregor d. Gr. vom Kirchenväteraltar von Michael Pacher; Alte Pinakothek, München.

Die Propheten

S ie sind die ersten Propheten, die den Gottessohn mit eigenen Augen sehen, und damit wichtige Zeugen der weihnachtlichen Heilsgeschichte. Ihre Lebensdaten erklären sich daraus, dass Jesus nach jüngeren Forschungen im Jahr 5 v. Chr. geboren ist.

Hanna hat 64 Jahre auf den Messias gewartet: Mit 14 Jahren verheiratet, mit 21 Jahren Witwe, widmet sie sich im Tempel von Jerusalem ganz dem Herrn. Ihr Name bedeutet *Erbarmung.* Simeon bedeutet *Erhörung:* Ihm hat der Geist Gottes zugesagt, er werde nicht sterben, ehe Israels Retter geboren sei.

Wie alle jüdischen Erstgeborenen gilt Jesus als Eigentum Gottes. Deshalb wollen Maria und Josef ihn vierzig Tage nach der Geburt im Tempel weihen und dabei auch das Reinigungsopfer darbringen. Als sie in das Heiligtum kommen, erkennen Hanna und der ebenfalls schon betagte Simeon den Messias.

Hanna preist Gott und spricht über Jesus zu allen Anwesenden. Simeon nimmt das Jesuskind auf den Arm und sagt, was als sein Lobgesang ins Nachtgebet der Kirche eingeht: *Nun lässt du, Herr, deinen Knecht in Frieden scheiden, denn mein Augen haben das Heil gesehen ...* Maria weissagt er, ihr werde *ein Schwert durch die Seele fahren.*

Nach der Legende ist er blind, erhält durch das göttliche Kind das Augenlicht zurück und stirbt

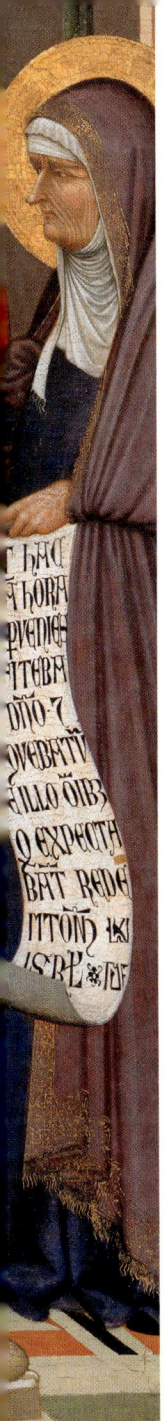

kurz darauf. In der Unterwelt sieht er Christus wieder. Der Erlöser führt zwei Söhne Simeons als Zeugen für seinen Aufenthalt bei den Toten ins Leben zurück. Simeons Reliquien in San Simeone zu Mailand sind bis heute Wallfahrtsziel.

Hanna

Namensformen: Hana, Hanni.

Gedenktag: 2. Februar.

Simeon

Patronat: Simeon ist Patron von Zadar (Dalmatien).

Nach dem Volksglauben verhilft er Eheleuten zu Kindern.

Darstellung: Als bärtiger Greis im Tempel mit dem Jesuskind.

Namensformen: Saman, Schimon, Schimun, Semjon, Shimon, Simão, Simmerl, Simen, Simo, Simon, Simone, Simonko, Szymon;
Simona, Simone, Simonetta, Simonette.

Namenstag: 8. Oktober.

Hanna und Simeon mit dem Jesuskind. Ölgemälde von Ambrogio Lorenzetti. Uffizien, Florenz.

Patronate: Die Heiligen Drei Könige sind Patrone für Köln, Sachsen, für Pilger, Reisende und Reiter, Kürschner, Spielkartenfabrikanten, Gastwirte.

Nach dem Volksglauben helfen die Heiligen Drei Könige gegen Zauberei, Epilepsie, Gewitter und Hagel sowie für einen guten Tod.

Darstellung: Balthasar als Greis, Melchior im mittleren Lebensalter, Caspar als junger schwarzer Afrikaner. Sie symbolisieren die Lebensalter als Epochen der Geschichte und stehen für die damals bekannten Erdteile Europa, Asien und Afrika an der Krippe.

Attribute: Stern, Krone, Gold, Weihrauch, Myrrhe.

Wetterregel: Ist bis Dreikönigstag kein Winter, so kommt auch kein strenger mehr dahinter.

Namensformen: Caspar, Casper, Kaspar, Kasper; Melchior, Malik, Mel, Menyhért; Balthasar, Baldessari, Baldus, Baldzer, Balles, Balster, Baltazar, Balthas, Balthes, Baltz, Baltzer, Balzer, Boldizsár, Hauser, Hausl.

Namenstag: 6. Januar.

Anbetung des Jesuskindes durch die Heiligen Drei Könige. Gemälde von Niccolò di Tommaso.

Die Sterndeuter

Sie folgen einem Himmelszeichen, das sie als Erste erkennen. Sie sind die Boten der großen Welt im kleinen Städtchen Bethlehem. Ihre Gaben sehen die Heilsgeschichte voraus: Gold dem König, Weihrauch dem Gott, das Baumharz Myrrhe ist der Balsam des Todes. Für Benedikt XVI. ist ihre Ankunft *das Zeichen des Offenbarwerdens des universalen Königs vor den Völkern und vor allen Menschen, die die Wahrheit suchen.*

In der Bibel sind sie *Weise aus dem Morgenland,* erst in der Legende werden sie Könige. Aus den Geschenken ergibt sich ihre Dreizahl, und das 6. Jahrhundert nennt sie Caspar, Melchior und Balthasar: *Verwalter der Schätze, König des Lichts* und *Gott schütze sein Leben.*

Nach jüngeren Forschungen deuten die Namen auf Babylonien und Persien. Der Apostel Thomas missioniert dort, und nach der Legende tauft er die drei. Im Jahr 54 feiern die Könige gemeinsam Weihnachten, kurz darauf sterben sie in der verschollenen Stadt Sewe: Melchior mit 116, Balthasar mit 112, Caspar mit 109 Jahren.

Im Mittelalter machen ihre Reliquien das *heilige Köln* zum berühmten Wallfahrtsort. Nach den Kreuzzügen findet die Legende die drei sogar in Indien, Nubien und Äthiopien, und im 15. Jahrhundert wird Caspar als Jüngster zum Mohren. Der Papst sagt über die Sterndeuter, um *eine Ordnung der gerechten und nachhaltigen Entwicklung zu errichten,* bedürfe es Menschen, *die eine große Hoffnung hegen und daher viel Mut haben. Wir alle brauchen diesen Mut, der in einer festen Hoffnung verwurzelt ist.*

Der Vorläufer

Der Name Johannes bedeutet *Gott ist gnädig.* Um ihn von anderen Heiligen gleichen Namens zu unterscheiden, findet man ihn oft als Johannes Bapt. oder Johannes B. – von *Baptista, Täufer.* Er ist der letzte große Prophet der Bibel und neben Maria der einzige Heilige, dessen Geburtstag gefeiert wird: Auf den Tag genau ein halbes Jahr älter als Jesus, kommt er in einem kleinen Dorf bei Jerusalem um die Sommersonnenwende zur Welt, so wie Weihnachten in die Zeit der Wintersonnenwende fällt.

Johannes ist es, der Jesus tauft und als Messias erkennt. Jesus sagt über ihn: *Unter den von einer Frau Geborenen ist kein Größerer aufgestanden.* Die Tradition nennt Johannes den *Vorläufer.* Als er Herodes scharf tadelt, weil der König mit der Frau seines Stiefbruders Ehebruch treibt, wird er eingekerkert und enthauptet.

Das Mittelalter feiert das Johannesfest als sommerliches Weihnachten mit adventähnlicher Vorbereitung und Mitternachtsmesse. Aus dieser Zeit stammt allerhand Aberglaube: Träume der Johannisnacht werden wahr, der Sprung über das Johannisfeuer schützt vor Hexen und Geistern. Am Johannistag endet die Spargelernte. Johannes-Reliquien finden sich in vielen Kirchen.

Heute ist er vor allem der Heilige mit dem Mut vor Fürstenthronen: *Als echter Prophet gab Johannes ohne Kompromisse Zeugnis von der Wahrheit,* sagt Papst Benedikt XVI. *Er klagte die Überschreitungen der Gebote Gottes auch dann an, wenn die Verantwortlichen die Mächtigen waren. Wir bitten um seine Fürsprache, auf dass es die Kirche auch in unseren Tagen verstehe, Christus immer treu zu bleiben und mutig seine Wahrheit und seine Liebe für alle zu bezeugen.*

Patronate: Johannes ist Patron der Malteser, der Johanniter, der Abstinenten, Architekten, Bauern, Böttcher, Färber, Gastwirte, Gerber, Hirten, Kaminfeger, Kürschner, Maurer, Musiker, Restaurateure, Sänger, Sattler, Schmiede, Schneider, Steinmetze, Weber, Winzer, Zimmerleute.

Attribute: Fellkleidung, Kreuzstab mit *Agnus Dei,* sein Haupt auf einer Schüssel.

Nach dem Volksglauben hilft Johannes bei Kopfschmerzen und Unfruchtbarkeit.

Wetterregel: Regnet's am Johannistag, so regnet es noch vierzehn Tag.

Namensformen: Evan, Gian, Giàng, Gianni, Giovanni, Hanke, Hans, Hannes, Hennes, Henning, Hasko, Honza, Huschke, Ioannis, Iwan, Jan, Jannis, Janosch, Jean, Jens, João, Jochanan, Johann, John, Nino, Sean, Shane, Shawn, Wanja, Wanko, Yahya, Yannick;
Gianna, Giovanna, Hanna, Hanne, Ivana, Janine, Joana, Johanna, Jean, Jeanne, Nina, Vanna.

Namenstag: 24. Juni.

Johannes der Täufer.
Münster St. Nikolaus, Überlingen.

Patronate: Josef ist seit 1870 Schutzpatron der ganzen katholischen Kirche. Weitere Patronate: Bayern, Böhmen, China, Kanada, Kärnten, Mexiko, Österreich, Peru, Philippinen, Russland, Steiermark, Tirol, Vorarlberg, Vietnam, Diözesen Köln, Osnabrück und Münster. Er ist Patron der Eheleute und der christlichen Familien, der Kinder, Jugendlichen, Jungfrauen, Waisen, Erzieher, Reisenden, Verbannten, Sterbenden; der Arbeiter, Handwerker, Holzhauer, Ingenieure, Pioniere, Tischler, Totengräber, Wagner und Zimmerleute.

Attribute: Axt, Säge, Beil, Winkelmaß, Laterne, weiße Lilie als Symbol der Keuschheit.

Nach dem Volksglauben hilft Josef in Wohnungsnöten, Versuchungen und verzweifelten Situationen, bei Augenleiden, zu einem guten Tod sowie zu Enthaltsamkeit.

Wetterregel: Ist es klar am Josefstag, spart er uns viel Not und Plag.

Namensformen: Beppo, Giuseppe, Hovsep, Iosipos, Isuf, Jisepu, Joe, Joep, Joey, Jói, Joop, Joosepi, Joschka, José, Joseph, Josip, Jozo, Jupp, Osip, Pepe, Peppino, Pino, Seòsaidh, Seosamh, Sepp, Tién, Yossel, Yussuf, Xosé;
Giuseppina, Josefa, Josephine, Sefa.

Namenstag: 19. März.

Der Pflegevater

*D*ie Gestalt dieses großen Heiligen ist, auch wenn sie eher verborgen blieb, in der Heilsgeschichte von grundlegender Bedeutung, sagt Papst Benedikt XVI. über den Zimmermann aus Nazareth.

Schon im vorgerückten Alter, nimmt der tiefgläubige Mann auf Gottes Geheiß die schwangere Maria zur Frau. Er steht ihr auf der Wanderung nach Bethlehem bei, findet die Notunterkunft im Stall, flüchtet mit seiner kleinen Familie vor König Herodes nach Ägypten und lehrt Jesus das Handwerk.

Sein Name bedeutet *Gott hat hinzugefügt.* Josef steht in jeder Weihnachtskrippe, doch die Bibel überliefert kein einziges Wort von ihm. Frühchristliche Legenden zeigen ihn als Vater, dessen Geduld der kleine Jesus ständig durch schelmische Kostproben seiner übernatürlichen Kräfte strapaziert.

Josefs Verehrung setzt in Europa erst um das Jahr 850 ein: Gebackene Josefskränze symbolisieren Jungfräulichkeit, Josefsringe schützen junge Eheleute vor unkeuschen Anfechtungen. Mädchen beten Josef ein Vaterunser, um einen guten Ehemann zu bekommen. Das Öl der Josefslilie heilt Hautverbrennungen und Rotlauf, aus der Milchstraße wird die Josefsstraße. Der Josefstag am 19. März wird erster Frühlings- und beliebter Hochzeitstag.

1955 macht Papst Pius XII. den 1. Mai zum kirchlichen Feiertag *Josef der Arbeiter.* Papst Benedikt: *Das Vorbild des hl. Josef ist für uns alle ein eindringlicher Aufruf, die Aufgabe, die uns von der Vorsehung anvertraut wurde, in Treue, Einfachheit und Bescheidenheit zu erfüllen.*

Hl. Josef. Pfarrkirche St. Michael, Igersheim.

Der Kaiser

Sein Name bedeutet *der Beständige.* Erst seit Konstantin können Christen ohne Furcht Weihnachten feiern: Die Mailänder Vereinbarung *(Toleranzedikt),* die der Kaiser des Westens im Jahr 313 mit Licinius als Kaiser des Ostens abschließt, gewährt Religionsfreiheit im gesamten Römischen Reich.

Konstantin macht sich gegen drei Mitkaiser zum Alleinherrscher. An der Milvischen Brücke bei Rom verheißt ihm ein Himmelszeichen Schlachtenglück: ein Lichtkreuz mit dem griechischen Wort *tuto nika – In diesem Zeichen wirst du siegen.* Konstantin lässt seine Legionäre das Christusmonogramm XP auf die Schilde malen.

Das erste Weihnachtsfest ist auch ein Dank für ihren Sieg. Der sterngläubige Kaiser gewährt Religionsfreiheit für das Christentum und fördert es, er schlichtet innerkirchliche Streitigkeiten und ordnet das Glaubensgut im Jahr 325 auf dem Ersten Konzil von Nicäa. Er versteht sich als dreizehnter Apostel und wird in der Ostkirche bis heute als *Apostelgleicher* verehrt.

Seine Mutter Helena birgt im Heiligen Land das vergrabene Kreuz, baut in Bethlehem die Geburts- und später mit ihrem Sohn in Jerusalem die Grabeskirche. Auf dem Sterbebett lässt sich Konstantin von Papst Silvester taufen.

Die Legende zeigt ihn als humanen Heiden auf dem Weg zum wahren Gott: Als er an Aussatz erkrankt, verordnen Ärzte ein Bad in Kinderblut und lassen 3000 Jungen und Mädchen fangen. Der Kaiser aber gibt die Kleinen ihren Müttern zurück, weil die Gottlosigkeit einer so verbrecherischen Tat ersichtlich sei.

Darstellung: Als Kaiser mit Schwert und Feldzeichen.

Attribute: Schwert, Feldzeichen mit Christusmonogramm, Kreuz mit der Inschrift *In hoc signo vinces – In diesem Zeichen wirst du siegen.*

Namensformen: Constantijn, Constantini, Constantino, Costa, Koni, Kostas, Kostik, Kostja, Kotja, Stijn, Szilárd.

Namenstag: 21. Mai.

Konstantin d. Gr. Wandfresko in der Kirche SS. Quattro Coronati, Rom.

Patronate: Lucia ist Patronin für Syrakus, Venedig, für Arme, Blinde, kranke Kinder, reuige Prostituierte, Bauern, Glaser, Weber, Schneider, Sattler, Polsterer, Schmiede, Messerschmiede, Elektriker, Kutscher, Näherinnen, Notare, Rechtsanwälte, Schriftsteller, Schreiber, Türhüter. Die Insel St. Lucia in der Karibik trägt ihren Namen.

Attribute: Durch den Hals gestoßenes Schwert, Doppelkreuz, Krone oder Palmzweig, Augen auf einem Teller, Öllampe, Fackel oder Kerze.

Nach dem Volksglauben hilft Lucia bei Augenleiden, Halsschmerzen, Infektionen, Blutungen und Ruhr.

Wetterregel: Geht die Gans zu Lucia im Dreck, geht sie am Christtag auf Eis.

Namensformen: Luciana, Lucienne, Lucinde, Lucy, Lucyna, Luz, Luzia, Luzie; Lucius, Luzius.

Namenstag: 13. Dezember.

Hl. Lucia. Pfarrkirche St. Marien, Rachtig an der Mosel.

Die Lichtbringerin

Ein weißgekleidetes Mädchen, ein grüner Kranz mit brennenden Kerzen auf dem Haar: In Schweden ist es immer die jüngste Tochter, die in der Nacht zum 13. Dezember als Lucia durch die Zimmer geht, Eltern und Geschwister weckt und ihnen die ersten Weihnachtsplätzchen bringt. Sie erinnert an Lucia von Syrakus auf Sizilien, eine Heilige mit einem besonders schrecklichen Schicksal.

Ihr Vater stirbt früh, ihre Mutter wird nach schwerer Krankheit Christin. Die Tochter lässt sich ebenfalls taufen und verschenkt ihre Mitgift an die Armen. Zur Zeit der Christenverfolgung bringt Lucia ihren Glaubensgenossen nachts Lebensmittel. Um mit beiden Händen tragen zu können, steckt sie sich Lichter auf den Kopf. Von ihrem Ex-Verlobten denunziert, wird sie mit Feuer und heißem Öl gefoltert. *Gott urteilt nach dem Gewissen,* sagt sie und betet noch, als schon das Schwert des Henkers in ihrem Hals steckt.

Im Mittelalter fällt ihr Gedenktag auf die Wintersonnenwende mit der längsten Nacht des Jahres. Gläubige gehen mit Weihrauch durch ihre Wohnung, lassen auf feuchten Tellern die Körner des *Lucienweizens* sprießen und stecken ihren Kindern Geschenke in die Strümpfe.

Seit 1860 ruht Lucia in der Kirche Sante Geremia e Lucia in Venedig. 1935 lässt der spätere Papst Johannes XXIII. das Antlitz der Heiligen mit einer Silbermaske verhüllen. 1994 sagt Papst Johannes Paul II. in Syrakus: *Ihr Gedenktag im Advent bewirkt eine neue Blüte des religiösen Eifers und des sozialen Engagements zur Überwindung aller Probleme und Gefahren unserer Zeit.*

Der Reporter

Er ist ein Mann vieler Talente: Arzt, Missionar, Maler, Evangelist. Seine Weihnachtsgeschichte ist die schönste Reportage des Christentums. Der Bericht von der verzweifelten Suche nach einer Herberge für die hochschwangere Maria, von der Geburt im Stall, dem Kind in der Krippe, den Hirten auf dem Felde und der frohen Botschaft, von Engeln verkündet, bewegt die Herzen der Menschen zu allen Zeiten. Lukas schreibt sie am Ende eines langen Lebens nieder. Auch die biblische Apostelgeschichte mit der Beschreibung des Pfingstwunders stammt aus seiner Feder.

Sein Name bedeutet *ins Licht hineingeboren.* Lukas ist Grieche, hochgebildet, Bürger der Weltstadt Antiochia (heute Antakya, Türkei), in der sich die Anhänger des neuen Glaubens zum ersten Mal *Christen* nennen. Lukas malt das erste Madonnenbild, reist mit Paulus nach Rom, missioniert in Griechenland. Reliquien werden auf dem Mönchsberg Athos und im italienischen Padua verehrt. Das Mittelalter verfüttert Zettel mit seinem Namen als Schutz gegen Hexen ans Vieh.

Papst Benedikt XVI. sagt über ihn: *Die Weihnachtsgeschichte des heiligen Lukas erzählt uns, dass Gott den Schleier seiner Verborgenheit als Erstes vor den ganz Geringen ein wenig gelüftet hat, vor Menschen, die in der großen Gesellschaft eher verachtet waren: den Hirten, die bei den Tieren auf den Feldern um Bethlehem Wache hielten. Es waren wirklich wache Menschen, in denen der Sinn für Gott und seine Nähe lebendig war. Menschen, die auf Gott warteten und sich nicht damit zufrieden gaben, dass er uns im Alltag so fern scheint.* Sie und ihre Sehnsucht hat Lukas uns nahegebracht.

Patronate: Lukas ist Patron der Ärzte, Chirurgen, Bildhauer, Buchbinder, Künstler, Maler, Glasmaler, Goldschmiede, Metzger und Notare.

Attribute: Evangelienbuch, Schreibfeder, Stier.

Nach dem Volksglauben hilft Lukas vor allem gegen Krankheiten und Unfälle.

Wetterregel: Ist's um Lukas mild und warm, dann kommt ein Winter, dass Gott erbarm.

Namensformen: Loukas, Luc, Luca, Lucács, Lucanus, Lucas, Luka, Lukan, Lukaschek, Łukasz, Luke, Luki, Lukian, Luky.

Namenstag: 18. Oktober.

Hl. Lukas. Pfarrkirche Mariä Heimsuchung, Reil an der Mosel.

Patronate: Martin ist Patron Frankreichs, der Slowakei, der Bistümer Eisenstadt, Mainz und Rottenburg, des Eichsfeldes, des Burgendlands, des Kantons Schwyz, der fränkischen Könige, der Soldaten, Kavalleristen, Reiter, Hufschmiede, Waffenschmiede, der Pferde, der Weber, Schneider, Abstinenzler, der Gänse und Haustiere, der Bettler, Böttcher, Bürstenbinder, Gefangenen, Gerber, Gürtelmacher, Handschuhmacher, Hirten, Hoteliers, Hutmacher, Müller, Reisenden und Tuchhändler.

Attribute: Weißes Pferd, Mantel, Schwert, Gans.

Wetterregel: Hat Martin einen weißen Bart, dann wird der Winter lang und hart.

Namensformen: Marcin, Märtes, Marti, Martinus, Marton, Marty, Martynas, Mascht, Mercin, Merten, Morten, Mortl, Tino, Tinu;
Martina, Martine, Tina, Tine.

Namenstag: 11. November.

Hl. Martin.
Pfarrkirche St. Michael, Igersheim.

Der Wundertäter

Das Mittelalter legt seine Verehrung auf den 11. November. An diesem Tag endet das bäuerliche Wirtschaftsjahr: Mägde und Knechte bekommen ihren Lohn und dürfen den Dienstherrn wechseln. Die Martinsgans ist der letzte Festbraten vor der vorweihnachtlichen Fastenzeit. Dazu gibt es neuen Wein, Martinischiffle, Martinswecken, -ringe, -küchle und anderes Martinsgebäck. Kinder ziehen mit Fackeln und Laternen umher, singen und erhalten Geschenke.

Im Rheinland wird Martin manchmal sogar zum Nikolaus. In protestantischen Ländern wird der Lichtumzug auf Martin Luther umgedeutet, der am 10. November Geburtstag hat.

Martin von Tours, geboren in Pannonien, dem heutigen Ungarn, ist Offizierssohn, Soldat, Einsiedler, Bischof und Wundertäter. Sein Name leitet sich von Roms Kriegsgott ab: *zum Mars gehörend.* Als Legionär teilt der 18-Jährige am Stadttor von Amiens in der Picardie seinen Mantel mit dem Schwert, um einen frierenden Bettler zu wärmen. Später gründet er ein Kloster im fränkischen Tours, heilt Leprakranke und weckt nach der Legende Tote auf. Um nicht zum Bischof gewählt zu werden, versteckt er sich im Stall, doch das Geschrei der Gänse verrät ihn.

Er stirbt auf einer Seelsorgereise in Candes bei Tours. Martin ist der erste Heilige im Abendland, der nicht zum Märtyrer geworden ist: Nach Ende der Christenverfolgung im Römischen Reich soll der Gläubige nicht mehr wie Jesus sterben, sondern wie Jesus leben, voll Nächstenliebe und Barmherzigkeit. Am 21. September 1996, 1600 Jahre nach Martins Tod, betet Papst Johannes Paul II. am Grab des Heiligen in der Kathedrale von Tours. Die Martinskirche in Emmerich am Rhein hütet eine Armreliquie.

Der Zöllner

Sein Name bedeutet *Gottesgabe,* doch das Volk verachtet ihn, weil er als Zöllner für die verhasste römische Besatzungsmacht Steuern eintreibt und außerdem manches für sich abzweigt. Immer wieder wird Jesus angefeindet, weil er *mit Zöllnern und Sündern* zusammensitzt. In dem Fischerstädtchen Kapernaum am See Genezareth hockt Matthäus an seinem Zolltisch, als Jesus im Vorbeigehen sagt: *Folge mir nach!*

Der Angesprochene gehorcht sofort, weil er begreift: Nach dieser Aufforderung darf er nichts mehr tun, was Gott missbilligt. *Die Anwendung auf die Gegenwart ist einfach: Auch heute ist es unzulässig, an Dingen festzuhalten, die mit der Nachfolge Jesu nicht vereinbar sind, wie es bei unehrlich erworbenem Reichtum der Fall ist,* sagt Papst Benedikt XVI. zu dieser Schlüsselszene.

Als Einziger der vier Evangelisten berichtet Matthäus über den Besuch der Weisen aus dem Osten an der Krippe von Bethlehem: Als Heilige Drei Könige sind sie Zeugen für die weltweite Bedeutung des Weihnachtswunders. Als Apostel missioniert Matthäus in Äthiopien und Persien.

Seine Legende kennt viele Wundertaten: Er besiegt den Drachen zweier Zauberer, macht einen toten Königssohn wieder lebendig und heilt eine aussätzige Prinzessin. Als diese sich nach der Taufe weigert, ihren Onkel zu heiraten, lässt der Verschmähte den Apostel mit dem Schwert durchbohren. Dem Volksglauben dient der Festtag Matthäi zu Weissagungen: Mädchen lassen Papierschnitzel, Kränzchen oder Weizenkörner schwimmen, um ihren Zukünftigen zu erraten.

Patronate: Matthäus ist Patron der Finanz-, Steuer- und Zollbeamten, der Geldwechsler und seit 1955 auch der Buchhalter.

Darstellung: Mit Evangelienbuch, Schreibfeder und einem Menschen oder Engel als seinem Evangelistensymbol.

Attribute: Buch, Schwert, Lanze oder Hellebarde, Beutel, Zahlbrett.

Wetterregel: Wie es Matthäus treibt, es vier Wochen bleibt.

Namensformen: Mads, Mateus, Mateusz, Mathai, Mathes, Mathis, Matthaios, Matthias, Matthieu, Matous, Matt, Matteo, Mattes, Matthew, Matwei, Matz, Tewes, Thies.

Namenstag: 21. September.

Hl. Matthäus.
Münster Unserer Lieben Frau, Freiburg.

PAULUS
* 10 v. Chr. Tarsos – † 67 n. Chr. Rom

Patronate: Paulus ist Patron der
Zeltmacher, Lederarbeiter, Seiler,
Sattler, Ritter, Weber, Teppichweber,
Arbeiterinnen, Korbmacher,
Schwertfeger; der Gehörlosen, der
Theologen und der katholischen Presse.

Attribute: Bart, Buch, Schwert.

Nach dem Volksglauben hilft Paulus
gegen Viehseuchen, Pflanzenschädlinge,
Schlangenbiss und bei Vorhersagen.

Wetterregeln: Zum 25. Januar: *Paulus
kalt mit Sonnenschein, wird das Jahr wohl
fruchtbar sein.* Zum 29. Juni: *Regnet es an
Peter und Paul, wird des Winzers Ernte faul.*

Namensformen: Faulus, Paale, Paavo,
Pablo, Pál, Pals, Paolo, Pau, Pauel, Paul,
Paulin, Paulinho, Pavao, Pavel, Pavle,
Pavlos, Pavlu, Pawel, Paweł, Pay, Pol,
Pole, Pouel, Povel, Povilas, Povl;
Paola, Paula, Pauline.

Namenstag: 29. Juni (mit Petrus).

*Hl. Paulus. Pfarrkirche St. Ursula,
Rottenburg-Obernburg.*

Der Weltapostel

Seinen Gedenktag teilt er mit Petrus, doch bedeutsamer ist für viele der Tag seiner Bekehrung am 25. Januar: Der in Tarsos (Südtürkei) geborene Pharisäer Saulus, Zeltmacher von Beruf, ist der gnadenlose Feind der Christen, bis ihn vor Damaskus ein Lichtblitz zum Paulus macht. Der Geblendete hört sich von Jesus gerufen, lässt sich taufen, nimmt einen neuen Namen an, missioniert als erster Apostel auch Nichtjuden und öffnet damit dem neuen Glauben die Welt. Erst diese revolutionäre Idee macht auch Weihnachten zum Fest für die gesamte Menschheit. Die biblischen Paulus-Briefe schärfen das Profil der neuen Religion, sein Tod als Märtyrer stellt ihn neben den Apostelfürsten Petrus.

Schon früh blüht ein Kranz wundergläubiger Legenden: Paulus bekehrt einen Löwen, der ihn in der Arena verschont. Als Toter erscheint er Kaiser Nero, der sofort alle Christen freilässt. Das Mittelalter macht *Pauli Bekehrung* zum Tag von Neuanfang und Lebenswende: Gläubige fegen ihr Haus rückwärts, junge Leute betten sich mit dem Kopf ans Fußende und träumen ihre Zukünftigen. Regnet es, kommt Teuerung, viel Wind warnt vor Krieg und Aufruhr, ein klarer Tag verspricht ein gutes Jahr.

Dem aufgeklärten Christentum gilt Paulus als Vater einer Theologie, die das Göttliche in seiner logischen Wahrheit verstehen will. Damit baut der Heilige eine Brücke vom Glauben zur Philosophie. *Er hat auf neue Weise die Weisheit, die Wahrheit, die Tiefe des Gesetzes und der Propheten verstanden,* sagt Papst Benedikt XVI. *Gleichzeitig hat sich seine Vernunft der Weisheit der Heiden geöffnet.*

Der Bekenner

E r ist der erste Papst, der nach Jahrhunderten grausamer Christenverfolgung frei seinen Glauben bekennen und öffentlich das Weihnachtsfest feiern kann. Silvester bedeutet *der Waldbewohner*. Im Jahr 284 zum Priester geweiht, versteckt er sich vor den heidnischen Häschern in der Wildnis des Berges Soracte hoch über dem Tibertal.

Im Jahr 313 setzt Konstantin der Große mit der *Mailänder Vereinbarung* die Religionsfreiheit im römischen Imperium durch. Ein Jahr später wird Silvester der dreiunddreißigste Papst. Kaiserliche Schenkungen fördern den Aufbau der neuen Staatskirche, über dem Petrusgrab entsteht der erste Petersdom, im Lateran der erste Papstpalast. Silvester wird in den Priscilla-Katakomben beigesetzt und im Jahr 762 in die Kirche S. Silvestro in Capite umgebettet.

Das Volk rühmt seine Sorge um die Armen. Er ist der Erste, der als heiliger Bekenner in den liturgischen Büchern steht. Nach Legenden des 5. Jahrhunderts heilt er den Kaiser durch die Taufe vom Aussatz und bekommt dafür das Land für einen Kirchenstaat oder gleich Rom und ganz Europa geschenkt. Als ein Magier einen Stier tötet, indem er den Namen Gottes ausspricht, erweckt Silvester das Tier wieder zum Leben. Heidnische Priester bekehrt der Papst durch die Befreiung Roms von einem giftigen Drachen.

Ebenfalls seit dem 5. Jahrhundert feiert die Kirche seinen Gedenktag als Fest zum Jahresende. In der Messe wird das Haupt des Papstes in einem silbernen Reliquienschrein zur Verehrung ausgesetzt.

Patronate: Silvester ist Patron der Haustiere, besonders der Rinder.

Darstellung: Mit einem Ochsen oder mit einem gefesselten Drachen.

Attribute: Papstkreuz, Tiara, Engel, Buch, Olivenzweig als Symbol des Friedens.

Nach dem Volksglauben hilft Silvester zu einer guten Futterernte und einem guten Jahr.

Wetterregel: Silvesternacht wenig Wind und Morgensonn, gibt viel Hoffnung auf Wein und Korn.

Namensformen: Fester, Silvestre, Silvestro, Sylvester, Sylwester, Szilveszter, Vester.

Namenstag: 31. Dezember.

Hl. Silvester.
Pfarrkirche Hl. Dreifaltigkeit, Monreal.

Patronate: Stephanus ist Patron von Rom, der Erzdiözese Wien, des Wiener Doms, der Pferde, Kutscher, Pferdeknechte, Böttcher, Maurer, Schneider, Steinhauer, Weber, Zimmerleute.

Darstellung: Als Märtyrer, als Diakon mit anderen Diakonen.

Attribute: Märtyrerpalme, Steine, Buch.

Nach dem Volksglauben hilft Stephanus gegen Gallen- und Nierensteine, Seitenstechen, Kopfschmerzen, Fieber, Besessenheit, für gutes Lernen und für einen guten Tod.

Wetterregel zum 26. Dezember: *Wenn es ums Christfest feucht und nass, so gibt es leere Speicher und Fass.*

Namensformen: Esteban, Esteván, Estevão, Estéfano, Esteve, Estienne, Etienne, Istefanos, Istfan, István, Pista, Pisti, Šcepan, Sczepan, Shtjefen, Sitiveni, Staffan, Staphken, Štef, Stefan, Stefanek, Stefano, Stefanos, Steffel, Steffen, Stenka, Stepan, Stepas, Stéphane, Stepka, Steponas, Stevan, Steve, Stevie, Steven, Stevica, Stiefnu, Stiibu, Stijepo, Stiobhan, Stipe, Stiofan, Stjepan, Szczepan, Tapani;
Estefania, Stefanida, Stefanie, Steffi, Štepánka, Stephanie.

Namenstag: 26. Dezember.

Hl. Stephanus.
Pfarrkirche St. Michael, Igersheim.

Der Märtyrer

S ein Name bedeutet *Kranz;* es ist der Schmuck der Märtyrer: Am zweiten Weihnachtsfeiertag ehrt die Kirche den hl. Stephanus als ersten getöteten Glaubenszeugen. Seiner Hinrichtung folgt die früheste Christenverfolgung der Geschichte. Die Feinde der neuen Religion erreichen indes das Gegenteil ihrer Absicht: Die Christen fliehen, doch sie schweigen nicht, sondern verkünden das Evangelium nun auch in den Nachbarländern.

Stephanus zählt zu den sieben Diakonen der Urkirche, die zum Sozialdienst an Armen und Kranken berufen sind. Seine Redekunst weckt den Hass fanatischer Glaubensgegner. Der Hohe Rat verurteilt den begabten Prediger als Gotteslästerer zum Tod, eine aufgebrachte Menge steinigt ihn vor dem Damaskustor.

Reliquien sind häufig; die Klosterkirche Zwiefalten bei Reutlingen hütet der Überlieferung nach die linke Hand des Heiligen. Die junge Kirche legt seinen Gedenktag auf den 26. Dezember, um das junge Weihnachtsfest in seiner Bedeutung weiter anzuheben. An diesem Tag wird Rotwein im Glas durch einen kleinen Stein gesegnet und auf die Felder gesprengt, Stephanswasser aufs Pferdefutter geschüttet.

Die Geschichte des Stephanus sagt uns vieles. Zum Beispiel lehrt sie uns, dass man nie das soziale, karitative Bemühen von der mutigen Verkündigung des Glaubens trennen darf, sagt Papst Benedikt XVI. *Nächstenliebe und Verkündigung gehen immer zusammen. In der Geschichte der Kirche werden das Leid und die Verfolgung nie fehlen. Indem wir das Kreuz annehmen, lernen wir die Freude des Christen auch in schwierigen Augenblicken.*

Die Mystikerin

S ie lebt unbekannt in einem Kloster in der Provinz und stirbt unbekannt. Erst nach ihrem Tod wird ihre Bedeutung als Mystikerin offenbar. Nach vielen Wundern und Gebetserhörungen spricht Papst Pius XI. sie 1925 heilig; er nennt sie den *Stern meines Pontifikats.* Papst Johannes Paul II. erhebt sie 1997 zur Kirchenlehrerin und sagt, dass in ihr *Gott uns die geistigen Heilmittel für die größten Wunden unseres Jahrhunderts offenbaren will.*

Als prägendes Erlebnis erfährt Marie-Françoise-Thérèse Martin am ersten Weihnachtstag 1886 *die Gnade, der Kindheit zu entwachsen:* Statt der Freude über Geschenke spürt sie plötzlich *die Liebe in mein Herz einziehen, das Bedürfnis, mich selbst zu vergessen, um Freude zu machen, und von da an war ich glücklich!* Es ist eine Erlösung aus der Gefangenschaft der Selbstbezogenheit: *Von den Skrupeln und der übermäßigen Empfindlichkeit befreit, begann sich mein Geist zu entwickeln.*

Die Tochter eines Uhrmachers und einer Spitzenklöpplerin zeigt schon als Kind tiefen religiösen Ernst. Mit vier Jahren verliert sie die Mutter, mit 15 pilgert sie nach Rom, mit 16 geht sie ins Kloster, *um Seelen zu retten.* Ihr Ordensname wird *Theresia vom Kinde Jesus.* Die Liebe Gottes zu den Menschen ist für sie eine Aufforderung zu radikaler Nächstenliebe. Ihr Buch *Geschichte einer Seele* legt einen *kleinen Weg* zur Vollkommenheit dar: in reiner Liebe und ohne jeden Vorbehalt sich der Liebe Jesu hinzugeben. Ihr Bild vom *Fahrstuhl,* der sie nach oben bringen soll, macht deutlich, dass Gottes Allmacht auch dem schwächsten Menschen Heiligkeit schenken kann, wenn er sich ihr anvertraut.

Als sie mit 23 unrettbar an Tuberkulose erkrankt, sagt sie: *Ich sterbe nicht, ich trete in das Leben ein.*

Patronate: Therese ist Patronin der Karmelitinnen und der nach ihr benannten Ordensgenossenschaften und religiösen Vereine, der Karmelitermissionen, des Petruswerkes der Glaubensverbreitung und der Weltmission. Sie ist die zweite Patronin Frankreichs.

Darstellung: Als Karmelitin mit braunem Habit, weißem Mantel und schwarzem Schleier.

Attribute: Rosen.

Namensformen: Resi, Resl, Teresa, Terese, Teresia, Teréz, Tereza, Terézia, Teri, Terisa, Terry, Tessa, Theres, Theresa, Thérèse, Theresia, Tracy, Tracey; Theresius.

Namenstag: 1. Oktober.

Hl. Therese von Lisieux.
Pfarrkirche St. Michael, Igersheim.

Patronate: Kinder, Waisenhäuser.

Darstellung: Der Kindermord zu Bethlehem ist zu einem in der Kunst häufig aufgegriffenen Motiv geworden.

Wetterregeln: Sitzen die unschuldigen Kindlein in der Kälte, vergeht Väterchen Frost nicht in Bälde. – Schneit's am unschuldigen Kindel, fährt der Januar in die Schindel.

Gedenktag: 28. Dezember.

Kindermord zu Bethlehem. Gemälde von Duccio di Buoninsegna im Dom zu Siena.

Die Unschuldigen

Sie stehen auf der dunklen Seite von Weihnachten, im Schatten der Freude. Noch ehe sie sprechen können, geben sie als Erstlingsmärtyrer der Christenheit ihr Leben für den neugeborenen Messias. Als der Tyrann Herodes von den Sterndeutern erfährt, Israel sei ein neuer König geboren, fürchtet er für seinen Thron und lässt in Bethlehem alle Jungen bis zum Alter von zwei Jahren ermorden. Es werden wohl zwanzig gewesen sein. Die Tradition macht daraus Tausende.

Das Fest der Unschuldigen Kinder ist schon um das Jahr 400 bezeugt. Das Mittelalter schmückt es immer weiter aus: Erst ziehen Subdiakone, Schüler und Ministranten mit einem Kinderbischof durch die Straßen, später examinieren sie Erwachsene und teilen ihnen Lohn und Strafen zu.

Zuletzt entwickelt sich daraus das wichtigste der mittelalterlichen Narrenfeste: Der Brauch wird zum Missbrauch, Kinder und Jugendliche schlagen Frauen und Männer mit Ruten und fordern Lösegeld. Verbote der Obrigkeit können das wilde Treiben kaum dämpfen. In Klöstern sitzen die Novizen auf den besten Plätzen in Chor und Speisesaal, der Jüngste ist für einen Tag Abt. Die Tragödie der Unschuldigen Kinder darf auch in keinem Weihnachtsspiel fehlen.

In der katholischen Kirche erlangt das Fest der Unschuldigen Kinder in den letzten Jahren eine neue Bedeutung als Tag der Mahnung zum Schutz des ungeborenen Lebens und als Bußtag für die vielen Abtreibungen. Die Datierung folgt neuen Forschungen, nach denen der Erlöser fünf Jahre früher zur Welt kam als im Mittelalter errechnet.

Bildnachweis:

akg images, Berlin: Umschlag, S. 20, 35, 36/37, 38, 45

Constantin Beyer, Weimar: S. 16

Archiv Herder: S. 2, 28, 32

Stefan Weigand, Villingen-Schwenningen: S. 8, 13, 19, 23, 24, 27, 31, 41, 42, 46, 50, 53, 54, 58, 61

Wikimedia Commons: S. 57

The Yorck Project: S. 14/15, 49, 62

Auf dem Umschlag: Rogier van der Weyden, Anbetung der Könige. Detail vom Dreikönigsaltar, München, Alte Pinakothek.

Autor und Verlag danken
Herrn Professor Dr. Manfred Becker-Huberti
sehr herzlich für seine fachliche Beratung.

Redaktionelle Begleitung der Serie in Bild:
Sarah Majorczyk

Gesamtgestaltung: Weiß-Freiburg GmbH – Graphik & Buchgestaltung
Herstellung: Himmer AG, Augsburg

Gedruckt auf umweltfreundlichem, chlorfrei gebleichtem Papier
Printed in Germany

ISBN 978-3-451-32396-6